Pe. Thiago Faccini Paro
Francine Porfirio Ortiz

O Caminho

Diário Catequético e Espiritual – Crisma

2ª Etapa

Catequizando

"O que nós ouvimos, o que aprendemos, o que nossos pais nos contaram, não ocultaremos de noss[os filhos,] mas vamos contar à geração seguinte as glórias do Se[nhor, suas o]bras grandiosa[s...]"

EDITORA VOZES
Petrópolis

© 2018, Editora Vozes Ltda.
Rua Frei Luís, 100
25689-900 Petrópolis, RJ
www.vozes.com.br
Brasil

1ª edição, 2018.

4ª reimpressão, 2025.

Todos os direitos reservados. Nenhuma parte desta obra poderá ser reproduzida ou transmitida por qualquer forma e/ou quaisquer meios (eletrônico ou mecânico, incluindo fotocópia e gravação) ou arquivada em qualquer sistema ou banco de dados sem permissão escrita da editora.

CONSELHO EDITORIAL

Diretor
Volney J. Berkenbrock

Editores
Aline dos Santos Carneiro
Edrian Josué Pasini
Marilac Loraine Oleniki
Welder Lancieri Marchini

Conselheiros
Elói Dionísio Piva
Francisco Morás
Gilberto Gonçalves Garcia
Ludovico Garmus
Teobaldo Heidemann

Secretário executivo
Leonardo A.R.T. dos Santos

PRODUÇÃO EDITORIAL

Aline L.R. de Barros
Jailson Scota
Marcelo Telles
Mirela de Oliveira
Natália França
Otaviano Cunha
Priscilla A.F. Alves
Rafael de Oliveira
Samuel Rezende
Vanessa Luz
Verônica M. Guedes

Diagramação: Ana Maria Oleniki
Revisão: Licimar Porfirio
Ilustrações: Luís Henrique Alves Pinto
Capa: Ana Maria Oleniki

Colaboração e agradecimentos
Amanda Carvalho e Lincoln Menezes, Maria José Sales, Pe Ronaldo José Miguel, Rosimeire Mendes e Sueli Moreira Pierami.

ISBN: 978-85-326-5717-6

Este livro foi composto e impresso pela Editora Vozes Ltda.

SUMÁRIO

Apresentação, 7
O que é o Diário Catequético e Espiritual, 9

 MEUS ENCONTROS DE CATEQUESE, 11

1º Encontro – Somos diferentes, somos humanidade, 13
2º Encontro – Quem sou eu?, 16
3º Encontro – Amor na vida cristã, 19
4º Encontro – Afetividade e empatia: vínculos que nos unem ao mundo, 22
5º Encontro – Onde reside a felicidade, 27
6º Encontro – Direito à vida, 30
7º Encontro – Para que Deus me criou, 33
8º Encontro – Seja você mesmo, 37
9º Encontro – As frustrações ensinam, 40
10º Encontro – Drogas no pote da vida, 43
11º Encontro – Liberdade orientada para o bem, 48
12º Encontro – Em família, 52
13º Encontro – Agradar a Deus, 56
14º Encontro – Jesus veio a quem precisa, 60
15º Encontro – Cultura da Paz, 63
16º Encontro – O perdão na vida do cristão, 67
17º Encontro – Ser vocacionado, 71
18º Encontro – Ser cristão em tempo integral, 74
19º Encontro – As vocações específicas, 77
20º Encontro – Hora Santa Vocacional, 80
21º Encontro – Chamados à santidade, 83
22º Encontro – Jesus ensina sobre a amizade, 87
23º Encontro – Igreja: pequenas comunidades de discípulos, 91
24º Encontro – A Igreja e sua organização, 95
25º Encontro – A videira e os ramos, 99

26º Encontro – Vinde trabalhar na minha vinha, 102
27º Encontro – Quem sou eu na Igreja, 105
28º Encontro – Se preparando para a festa da unidade paroquial, 108
29º Encontro – A festa da unidade paroquial, 111
30º Encontro – Para onde vou?, 114
31º Encontro – Conhecendo minha comunidade, pastoral, movimento ou associação, 117
32º Encontro – Inseridos na ação pastoral da Igreja, 120

A Igreja de amanhã agora depende de você!, 126

II PARTE — MEU DOMINGO, 127

APRESENTAÇÃO

Estimado catequizando,

Mais uma etapa se inicia. Mais uma oportunidade que Deus lhe oferece para conhecer e aprofundar os mistérios de nossa fé. A cada dia aproxima-se o final deste processo de iniciação à vida cristã e, com isso, aumentam as exigências de assumir com responsabilidade a missão de discípulo missionário de Jesus Cristo.

Nesta etapa você será convidado(a) a refletir um pouquinho sobre você, quem você é, por que e para que Deus o criou... e como você pode colocar em prática seus dons e talentos a serviço da grande vinha do Senhor, que é a Igreja.

Consciente do papel de discípulo do Senhor e da importância da missão que deverá assumir, você será convidado(a) a dar o seu SIM, colocando-se a serviço das inúmeras comunidades, pastorais, movimentos e associações presentes na paróquia em que participa. Será uma oportunidade de assumir o compromisso do seu Batismo, de levar adiante o mandado que Jesus nos deixou de anunciar a Boa Nova a todos os povos.

Que este novo tempo seja mais um momento "Kairótico" de experimentar a graça de Deus em sua vida. E que o seu SIM seja reflexo da maturidade de fé e da transformação realizada pelo Evangelho.

Receba nosso abraço junto com nossas orações e bênçãos,

Pe. Thiago Faccini Paro e Francine Porfirio Ortiz

O QUE É O DIÁRIO CATEQUÉTICO E ESPIRITUAL?

Este Diário é um rico instrumento que o ajudará na compreensão dos temas refletidos na catequese. Ao longo das atividades de cada encontro você será questionado sobre como vivenciar melhor sua fé, colocando em prática os mandamentos e ensinamentos de Jesus e da sua Igreja.

Portanto dedique um pouco do seu tempo para pensar e meditar sobre cada assunto, pois eles com certeza o ajudarão a avaliar suas opiniões e ações, transformando a sua vida e todo o seu ser.

COMO USAR O DIÁRIO CATEQUÉTICO E ESPIRITUAL?

Além de usá-lo nos encontros de catequese, ao término deles procure um local calmo e tranquilo tendo em mãos o Diário e sua Bíblia.

Releia atentamente o texto bíblico meditado no encontro e recorde o tema e os principais assuntos discutidos. Em seguida analise cada pergunta e atividade, respondendo-as com a sinceridade do seu coração. Lembre-se de que suas respostas não serão dirigidas ao seu catequista, mas primeiramente a você mesmo e a Deus.

Este é um momento oportuno em sua vida para colocar-se na presença de Deus e com Ele dialogar. Não tenha medo de conversar com Ele e de ouvi-Lo. Mais do que ninguém, Deus quer você pertinho Dele.

O QUE TEREMOS ESTE ANO NA CATEQUESE?

No Diário apresentamos apenas as atividades relacionadas aos temas refletidos nos encontros de catequese. Ainda, no final de cada encontro, você terá um espaço para suas intenções e orações pessoais.

Os temas são um convite a se conhecer melhor, a refletir sobre o projeto de vida que Deus tem para cada um de nós, ou seja, a descobrir a sua vocação, seu lugar e papel na Igreja de Cristo.

Ao final desta etapa, você será convidado a realizar um estágio pastoral vivenciando, na prática, os desafios e as alegrias dos inúmeros grupos que constituem nossas comunidades eclesiais. Sem dúvida será uma experiência única, que lhe ajudará a ter uma visão bem mais ampla da grande vinha do Senhor.

Esperamos que esta nova etapa seja para você uma aventura de conhecimento, descobertas, amadurecimento e comprometimento com o anúncio de Cristo e do Reino de Deus, a exemplo daqueles que nos precederam.

I Parte

Meus encontros de catequese

1º Encontro — Somos diferentes, somos humanidade

> Esforçai-vos por conservar a unidade do espírito pelo vínculo de paz. (Ef 4,3)

LEIA e MEDITE o texto de Ef 4,1-7.

Deus criou cada um de nós com especial atenção aos detalhes por isso, cada pessoa possui um jeito singular de experimentar o mundo e os relacionamentos.

Poderíamos dizer que a diversidade é uma característica do amor Dele por nós. Ninguém é como nós somos.

Mas todos pertencemos à mesma comunidade criada por Deus: a humanidade. Nela, compreendemos que compartilhamos a capacidade de sentir amor, sofrimento, solidão... É por isso que, mesmo do outro lado do mundo, anônimos uns aos outros, conseguimos sentir tanto a alegria quanto a dor do próximo.

É hora de PENSAR
e REGISTRAR o meu encontro

» Na sua opinião, por que as diferenças entre as pessoas podem provocar conflitos?
___
___
___

» Como cristão, o que você pode fazer para mediar ou evitar que um conflito se expresse em atos de violência, indiferença ou exclusão?
___
___
___
___
___

» Você já excluiu, evitou ou agrediu alguém por ser diferente? Se sim, como avalia essa situação hoje? Se não, o que procura fazer para não correr esse risco?
___
___
___
___

» Cite um grupo social que sofre preconceito por ser considerado diferente e justifique.

14

» Em relação ao grupo citado na questão anterior, como você poderia ajudar a diminuir esse preconceito?
_____
_____
_____
_____

» Você acha que o senso de humanidade poderia levar as pessoas a se solidarizarem mais umas com as outras? Por quê?
_____
_____
_____
_____
_____
_____
_____
_____

SEUS PEDIDOS E INTENÇÕES DE ORAÇÃO DA SEMANA

Descreva motivos, situações e pessoas por quem quer rezar.

2º Encontro — Quem sou eu?

> Pela graça que me foi dada, recomendo a todos e a cada um de vós que não faça de si próprio um conceito maior do que convém, mas um conceito modesto, de acordo com a medida da fé que Deus lhe concedeu. (Rm 12,3)

LEIA e MEDITE o texto de Rm 12,2-8.

Saber quem somos pode ser difícil. Somos o conjunto do que gostamos e não gostamos, do que cremos e não cremos, do que vestimos, dizemos e fazemos. Também somos o que deixamos de dizer ou fazer, a ausência e a omissão nas situações. Somos esse desencontro, pois a identidade se constrói no conjunto das nossas diversas faces. No entanto é necessário saber de si de tal maneira que, diante dos modelos que o mundo nos propõe, sejamos capazes de observá-los e pensá-los de acordo com os valores do Evangelho, sendo autênticos e fiéis à vontade de Deus.

16

**É hora de PENSAR
e REGISTRAR o meu encontro**

» Em uma frase, defina quem você é:

» Agora, relendo sua própria frase, responda: há nela algum conteúdo que revele seu compromisso cristão? Justifique.
_____
_____
_____
_____
_____
_____

» Quais valores Jesus Cristo nos ensinou que, quando vividos, sustentam uma essência cristã e ajudam a definir quem você é?

» Você se sente insatisfeito consigo mesmo ou com a opinião das pessoas a seu respeito? Se sim, esse sentimento interfere no seu compromisso cristão? Se não, o que você acha que colabora para isso?
_____
_____
_____
_____
_____
_____

» Você consegue conviver com elementos que julga não fazerem parte da sua identidade? Por exemplo: consegue conversar com pessoas de grupos, opiniões ou preferências que o desagradem? Explique.

_____
_____
_____
_____

» Você acha que as pessoas, quando estão inseguras sobre sua própria identidade, podem ser violentas ou agressivas? Por quê?

_____
_____
_____
_____

SEUS PEDIDOS E INTENÇÕES DE ORAÇÃO DA SEMANA

Descreva motivos, situações e pessoas por quem quer rezar.

3º Encontro — Amor na vida cristã

> Ele: Como és bela, minha amada! Como és bela, com teus olhos de pomba!
> Ela: E tu, como és belo, querido, como és encantador! O verde gramado nos sirva de leito! Cedros serão as vigas de nossa casa e ciprestes serão o teto.
> (Ct 1,15-17)

LEIA e MEDITE o texto de Ct 1,2-4.15-17.

O amor faz parte da vida, especialmente o amor apaixonado. Muitas pessoas, infelizmente, têm dificuldade de expressar seus sentimentos e acabam por enfrentar conflitos no namoro, noivado e casamento com frequência. Deus, no entanto, nos orienta como viver os relacionamentos amorosos e nos convida a construir uma relação de intimidade com quem nos comprometemos, na qual os valores cristãos podem ser compartilhados.

19

É hora de PENSAR e REGISTRAR o meu encontro

» Para você, qual é a diferença entre um relacionamento amoroso no qual se vive os valores cristãos e outro que não traz essa característica?
_____
_____
_____
_____
_____

» Você acha que a intimidade é importante em um relacionamento amoroso? Por quê? Você sabe o que a Igreja recomenda sobre isso?
_____
_____
_____
_____

» O que você acha que faz do namoro um compromisso?
_____
_____
_____
_____

» Você se apaixonou por uma pessoa, mas ela se mostrou alheia aos valores cristãos. Ela é muito legal em alguns momentos, noutros ela soa agressiva e desrespeitosa com suas opiniões. Como você lidaria com isso?

» Quais características tornam a sexualidade uma expressão do amor vivido como comunhão divina?

___

SEUS PEDIDOS E INTENÇÕES DE ORAÇÃO DA SEMANA

Descreva motivos, situações e pessoas por quem quer rezar.

4º Encontro — Afetividade e empatia: vínculos que nos unem ao mundo

> Filhinhos, não amemos com palavras nem com a língua, mas com obras de verdade. É assim que conheceremos que somos da verdade, e diante dele tranquilizaremos o nosso coração.
> (1 Jo 3,18-19)

LEIA e MEDITE o texto de 1 Jo 3,18-22.

A afetividade é a capacidade que temos de nos emocionar e expressar emoções. Através dela podemos nos comunicar em níveis muito mais sensíveis do que as palavras.

EU IMAGINO COMO ESTEJA SE SENTINDO. SEMPRE QUE PRECISAR, PODE CONTAR COMIGO.

Sem a afetividade, não seríamos importantes uns aos outros. É a capacidade de sentir emoções que nos permite amar e respeitar alguém. É também a afetividade que nos permite desenvolver uma habilidade social essencial: a empatia. Esta é a capacidade de colocar-se no lugar do outro para compreender, sem preconceitos, os seus pontos de vista, as suas convicções, os seus sentimentos e as suas atitudes.

A afetividade e a empatia são, portanto, o vínculo que nos une ao mundo.

**É hora de PENSAR
e REGISTRAR o meu encontro**

» Para você, a capacidade de se emocionar e expressar emoções é importante? Explique.
_____
_____
_____
_____
_____

» Você acha que podemos aprender a expressar nossas emoções de maneira adequada, sem magoar as pessoas à nossa volta? Como?
_____
_____
_____
_____
_____

» Muitas pessoas não expressam empatia pelos outros. Por não se colocarem no lugar deles, acabam por julgá-los sem realmente conhecer seu contexto. Por que acha que fazem isso? E você, já fez isso?

» Você acha que Jesus expressava afetividade e empatia? Por quê?
_____
_____
_____
_____

Observe a história em quadrinhos.

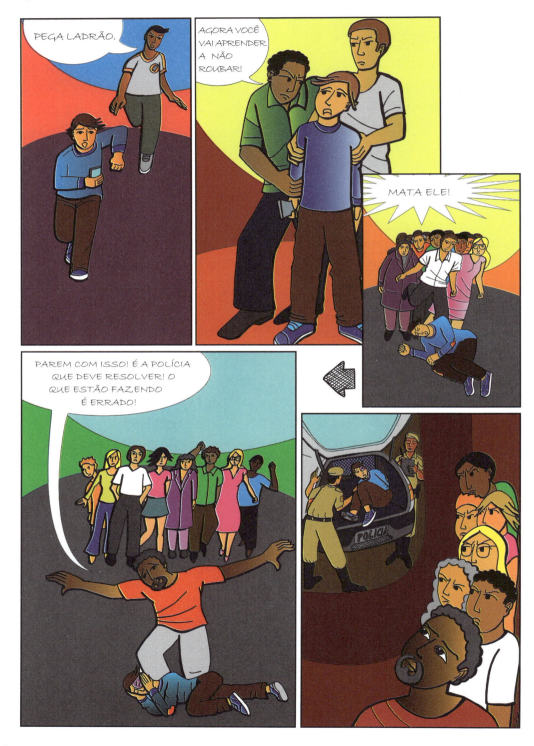

▶ Agora responda:

» A população, irritada, agiu com violência contra o adolescente. O que poderia ter acontecido se alguém não interferisse?
_____
_____
_____

» Proteger o adolescente contra a violência das pessoas foi uma atitude correta? Explique.
_____
_____
_____
_____

» Para você, por que um desconhecido decidiu proteger o adolescente, mesmo sabendo do flagrante furto?
_____
_____
_____
_____

» Como você relacionaria a atitude do homem que protegeu o adolescente com os conceitos de afetividade e empatia?
_____

» Você acha que a situação ilustrada é semelhante à passagem bíblica de Jo 8,1-11, na qual Jesus Cristo protege uma mulher adúltera diante de pessoas que queriam apedrejá-la? Por quê?
_____
_____
_____
_____

25

 **Você sabia?**

A história em quadrinhos foi baseada numa situação real, ocorrida no Piauí, no ano de 2016. Leia a matéria:

<https://extra.globo.com/noticias/brasil/homem-enfrenta-multidao-impede-linchamento-de-menor-apos-furto-de-celular-no-piaui-20539765.html>.

Nesse momento você diria que:

Empatia é...	Afetividade é...	Afetividade e empatia são......

SEUS PEDIDOS E INTENÇÕES DE ORAÇÃO DA SEMANA

Descreva motivos, situações e pessoas por quem quer rezar.

5º Encontro — Onde reside a felicidade

Em tudo vos dei exemplo, mostrando-vos que é preciso socorrer os necessitados trabalhando assim e recordando as palavras do Senhor Jesus, que disse: Maior felicidade é dar do que receber. (At 20,35)

LEIA e MEDITE o texto de At 20,32-35.

A sociedade nos vende muitas ideias de como alcançar a felicidade. Nenhum produto, no entanto, é capaz de verdadeiramente trazê-la. Para nós, cristãos, a felicidade envolve a doação pessoal ao próximo.

Quando nos colocamos nessa posição de coletividade, fazemos uma experiência de felicidade que nutre a fé e o sentido dado à vida. Percebemos a importância do nosso papel e da nossa presença na vida das pessoas. Percebemos, sobretudo, o

27

que somos capazes de fazer quando dedicamos nossos dons a serviço do bem comum (nossa habilidade de desenhar, representar, cantar, organizar...). Ao agirmos assim, podemos descobrir que colaborar para a felicidade do próximo faz-nos igualmente felizes.

É hora de PENSAR e REGISTRAR o meu encontro

» **Para** você, é possível ser verdadeiramente feliz sem ter com quem compartilhar a felicidade? Explique.

_____
_____
_____
_____

» **A** sociedade vende muitos produtos e métodos para alcançarmos a felicidade. Por que você acha que isso acontece?

» **"M**aior felicidade é dar do que receber" (At 20,35). O que você acha que Jesus quis dizer com essas palavras?

_____
_____
_____
_____

» Na sua opinião, se todas as pessoas se preocupassem com a felicidade do próximo, como seria a sociedade?
___
___
___
___

» Por que temos dificuldade de pensar na felicidade de alguém como importante para a nossa própria felicidade?
___
___
___
___

SEUS PEDIDOS E INTENÇÕES DE ORAÇÃO DA SEMANA

Descreva motivos, situações e pessoas por quem quer rezar.

6º Encontro — Direito à vida

Teus olhos viram meu embrião, e em teu livro foram registrados, todos os dias prefixados, antes que um só deles existisse.
(Sl 139(138),16)

LEIA e MEDITE o texto de Sl 139(138),11-18.

O valor da vida depende do que fazemos ou temos?

Muitos julgam uns aos outros pelo modo como vivem ou pelo que possuem.

Dão atenção a pessoas poderosas e famosas, mas são indiferentes aos vulneráveis em situação de rua. O valor da vida realmente depende da nossa própria opinião?

Para os cristãos não. A vida é um precioso presente de Deus e, portanto, deve ser sempre protegida e preservada. Desde o nosso momento mais originário, embrionário, já somos importantes ao Senhor. Ele reserva a cada um de nós um plano, e nossa principal missão é valorizar a nossa vida e a de todos ao nosso redor.

Nossa unidade de medida para o valor da vida, portanto, é única e imutável: a vida é valiosa e sagrada. Como cristãos, devemos evitar que uma opinião ou escolha pessoal venha a ferir a dignidade da vida e, nesse sentido, os ensinamentos de Jesus nos orientam para as decisões mais sábias, mais compassivas e mais alheias a razões egoístas.

É hora de PENSAR e REGISTRAR o meu encontro

» Observando ao redor, especialmente as notícias que você conhece, apresente algumas situações que ferem o valor da vida.
___
___
___
___
___

» Em algum momento você falou ou fez algo que revelasse dar um valor maior ou menor à vida de alguém? Comente.
___
___
___
___
___

» "Meu corpo, minhas regras". Como você responderia a esse argumento pró-aborto?
___
___
___
___
___

31

» **N**a sua opinião, se as pessoas dessem igual valor à vida de todos, como seria a sociedade hoje?

___

» **S**e uma mulher lhe dissesse que está grávida, mas não quer a criança. Não pode cuidá-la e está com muito medo de revelar a situação para a família. Quais seriam suas orientações? Se necessário, pesquise a respeito para melhor respondê-la. Não esqueça de conferir em sua paróquia qual é o suporte pastoral que se pode oferecer.

SEUS PEDIDOS E INTENÇÕES DE ORAÇÃO DA SEMANA

Descreva motivos, situações e pessoas por quem quer rezar.

7º Encontro — Para que Deus me criou

> Ele nos escolheu em Cristo antes da constituição do mundo, para sermos santos e irrepreensíveis diante dele no amor. Predestinou-nos à adoção de filhos de sua vontade, para louvor da glória de sua graça que nos concedeu gratuitamente em seu Bem-amado. (Ef 4-6)

LEIA e MEDITE o texto de Ef 1,3-14.

Deus nos criou para o louvor da Sua glória. A glória de Deus é o grande propósito da criação, não só da humanidade, mas de toda a Terra. Deus nos criou por amor e para o amor. Isso podemos reconhecer em nosso dia a dia quando descobrimos o que realmente é essencial para nossa vida; quando identificamos que, mesmo nos momentos de dificuldades e tentações, Deus nos ampara ao nos abençoar com amigos que nos ajudam, ouvem e confortam. De muitas maneiras, Deus nos fortalece para que possamos ser expressão do seu amor ao nos colocarmos a serviço do próximo, da natureza, dos que mais necessitam e do nosso próprio bem-estar.

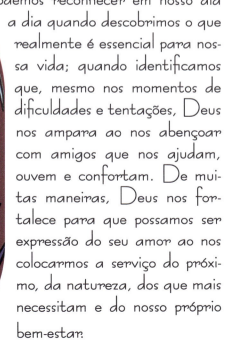

É hora de PENSAR
e REGISTRAR o meu encontro

» Você já se questionou por que Deus o criou? Em que circunstância surgiu este pensamento?

_____
_____
_____
_____
_____

» Depois da reflexão feita no encontro de catequese, qual o propósito da sua existência?

_____
_____
_____
_____
_____

» Você conhece alguém que não vê sentido na vida? O que você pode fazer para ajudá-lo?

» No quadro a seguir relacione numa coluna as coisas boas de sua vida, as quais você reconhece como as bênçãos e ação de Deus, e na outra as dificuldades, as quais o levam a murmurar e reclamar. Depois contemple tudo o que foi escrito e reflita: quais valorizamos mais e por quê?

» Escreva uma oração ou um poema, ou ainda uma letra de música, que expresse sua gratidão e seu reconhecimento pelas bênçãos e ações de Deus na sua vida:

SEUS PEDIDOS E INTENÇÕES DE ORAÇÃO DA SEMANA
Descreva motivos, situações e pessoas por quem quer rezar.

8° Encontro — Seja você mesmo

Cuida, pois, que a luz que está em ti não seja escuridão. (Lc 11,35).

LEIA e MEDITE o texto de Lc 11,33-36.

Nem sempre é fácil ser você mesmo. Às vezes pessoas ou outras influências conseguem nos pressionar a agir de um jeito que não é como realmente gostaríamos, ou de um jeito que nos distancia dos ensinamentos cristãos.

A mídia e a opinião dos outros podem produzir sentimentos contraditórios, mas é possível superá-los se nos concentrarmos em ser autênticos. Quando somos "nós mesmos" conseguimos preservar nossos valores e princípios mesmo quando as dificuldades nos desafiam. Nesse processo, Jesus é a luz que Deus enviou ao mundo para iluminar a vida, nos fortalecendo para sermos livres das expectativas alheias e comprometidos com a liberdade fundamental de sermos nós mesmos.

É hora de PENSAR e REGISTRAR o meu encontro

» Em sua opinião, por que ser autêntico é importante para viver de acordo com os ensinamentos cristãos?
_____
_____
_____
_____
_____

» A sociedade hoje incentiva "ser você mesmo"? Comente.
_____
_____
_____
_____
_____

» Escreva um poema que motive a si mesmo e aos outros a serem autênticos. Depois, se possível, compartilhe com seus amigos e familiares.

❯❯ Jesus sempre foi autêntico. Ele não cedia ao que as pessoas consideravam comum em sua época, mas enfrentava o que achava injusto e feria a dignidade da vida. O que a autenticidade Dele ensina a você sobre viver como um cristão?

___

SEUS PEDIDOS E INTENÇÕES DE ORAÇÃO DA SEMANA

Descreva motivos, situações e pessoas por quem quer rezar.

9º Encontro — As frustrações ensinam

Então Jó tomou a palavra e disse: Ah, se pudessem pesar minha aflição e pôr na balança meu infortúnio, por certo pesariam mais que a areia do mar; por isso minhas palavras são desvairadas.
(Jó 6,1-3)

LEIA e MEDITE o texto de Jó 6,1-4.

Enfrentar desafios e frustrações é inevitável. Desde a infância encontramos situações difíceis, porém carregadas de ensinamentos que nos acompanharão por toda a vida. Aprender a andar de bicicleta, por exemplo, talvez envolveu medo e quedas que nos machucaram, mas é um saber que nunca mais esqueceremos. Aprender a ler e a escrever pode ter sido penoso, mas nos permitiu melhor nos relacionar com o mundo e as pessoas.

Frustrar-se, apesar de inevitável, não é agradável. Quantas vezes você já se irritou ou se magoou por algo que não saiu como o esperado?

Se estivermos dispostos a aprender com as frustrações, no entanto, poderemos superar as dificuldades perseverando na fé, sem perder a esperança nos planos que Deus tem para nós.

**É hora de PENSAR
e REGISTRAR o meu encontro**

» Pense em uma frustração que viveu e responda: o que foi mais difícil de aceitar ou lidar? O que você aprendeu?

_____
_____
_____
_____
_____
_____
_____

» Você acha que as frustrações que viveu foram importantes para ser quem é hoje? Comente.

_____
_____
_____
_____
_____

» Para você, as frustrações podem unir ou fortalecer o vínculo entre as pessoas? Como?

» Pesquise e leia o poema "Viver não dói", atribuído a vários autores (incluindo Carlos Drummond de Andrade). Depois comente sua opinião a respeito do último verso: "A dor é inevitável, o sofrimento é opcional".

SEUS PEDIDOS E INTENÇÕES DE ORAÇÃO DA SEMANA

Descreva motivos, situações e pessoas por quem quer rezar.

10º Encontro — Drogas no pote da vida

Vinde a mim vós todos, que estais cansados e sobrecarregados, e eu vos darei descanso. (Mt 11,28)

LEIA e MEDITE o texto de Mt 11,28-29.

Imagine sua vida como um pote preenchido por pensamentos, sentimentos, crenças e preocupações. Neste momento, como seu pote da vida estaria?

Às vezes, buscando preencher este pote ou simplesmente retirar dele algum conteúdo incômodo, as pessoas recorrem ao uso de drogas. Infelizmente, no entanto, as drogas são incapazes de preencher qualquer vazio, muito menos o vazio que elas mesmas criam.

Jesus nos faz uma promessa. Ele diz que dará descanso a todos que O procurarem. Cansados e fadigados, podemos Nele encontrar conforto e renovar o ânimo para não desistir de nós mesmos.

43

É hora de PENSAR e REGISTRAR o meu encontro

» **A** partir das reflexões realizadas durante o encontro, comente o que mais se destacou para você sobre o uso de drogas.

_____
_____
_____
_____
_____

» **P**esquise e escreva o que se pode fazer para ajudar um usuário de drogas a se recuperar. Não esqueça de conferir as iniciativas da Igreja.

_____
_____
_____
_____
_____

Você conhece a entidade Alcoólicos Anônimos (A.A.)? Trata-se de um movimento mundial organizado em diferentes locais para que homens e mulheres ajudem-se mutuamente a se manterem sóbrios. O Programa de A.A. organiza-se em doze passos:

1. Admitimos que éramos impotentes perante o álcool – que tínhamos perdido o domínio sobre nossas vidas.
2. Viemos a acreditar que um Poder Superior a nós mesmos poderia devolver-nos à sanidade.
3. Decidimos entregar nossa vontade e nossa vida aos cuidados de Deus, na forma em que O concebíamos.
4. Fizemos minucioso e destemido inventário moral de nós mesmos.
5. Admitimos perante Deus, perante nós mesmos e perante outro ser humano, a natureza exata de nossas falhas.
6. Prontificamo-nos inteiramente a deixar que Deus removesse todos esses defeitos de caráter.

7. Humildemente rogamos a Ele que nos livrasse de nossas imperfeições.

8. Fizemos uma relação de todas as pessoas a quem tínhamos prejudicado e nos dispusemos a reparar os danos a elas causados.

9. Fizemos reparações diretas dos danos causados a tais pessoas, sempre que possível, salvo quando fazê-las significasse prejudicá-las ou a outrem.

10. Continuamos fazendo o inventário pessoal e, quando estávamos errados, nós o admitíamos prontamente.

11. Procuramos, através da prece e da meditação, melhorar nosso contato consciente com Deus, na forma em que O concebíamos, rogando apenas o conhecimento de Sua vontade em relação a nós, e forças para realizar essa vontade.

12. Tendo experimentado um despertar espiritual, graças a estes Passos, procuramos transmitir esta mensagem aos alcoólicos e praticar estes princípios em todas as nossas atividades.

Leia a explicação de cada passo em <http://www.alcoolicosanonimos.org.br/index.php/os-doze-passos> e pense sobre qual é o papel da fé e da espiritualidade na recuperação proposta. Depois responda: como você acha que o relacionamento com Deus pode ajudar alguém a se libertar do vício em uma droga?

> Observe a imagem e pense no pote como sendo sua vida. A água que o está enchendo são os sentimentos, pensamentos, crenças e preocupações que carrega consigo. Escreva dentro ou ao redor do pote qual é o seu conteúdo, ou seja, quais são os sentimentos, pensamentos, crenças e preocupações que estão presentes em sua vida neste momento. Seja sincero, pois não precisará mostrar a ninguém o que produzir.

» **P**ara você, quais são os valores cristãos importantes para ter em seu pote da vida? Como eles podem ajudá-lo a evitar o uso de drogas?

_____
_____
_____
_____
_____
_____
_____

SEUS PEDIDOS E INTENÇÕES DE ORAÇÃO DA SEMANA

Descreva motivos, situações e pessoas por quem quer rezar.

11º Encontro — Liberdade orientada para o bem

> A vontade de Deus é que, pela prática do bem, façais emudecer a ignorância dos insensatos. Procedei como pessoas livres, não usando a liberdade como pretexto para o mal, mas vivendo como servos de Deus. (1Pd 2,15-16)

LEIA e MEDITE o texto de 1Pd 2,15-16.

Somos livres para fazer escolhas, mas nem todas as pessoas assumem a responsabilidade por suas consequências. É essa postura que prejudica a todos direta ou indiretamente. Ser livre pressupõe a capacidade de dizer "sim" ou "não", mantendo-se coerente e sustentando uma postura a favor do bem de si mesmo e do próximo.

A liberdade sempre apresenta limites. Para os cristãos, estes limites consistem em ter como objetivo praticar o bem, valorizando e protegendo a dignidade da vida, orientados pelo compromisso com Deus. Se nossas escolhas refletirem na sociedade o nosso compromisso como discípulos de Jesus, estaremos fazendo a diferença uns aos outros.

É hora de PENSAR e REGISTRAR o meu encontro

» Para você, quais são os limites da sua liberdade como cristão?
_____
_____
_____
_____
_____

> *A liberdade entre as pessoas nunca é igual. Infelizmente, ao redor do mundo, muitas pessoas enfrentam limites que ferem inclusive seus direitos básicos. Elas não podem escolher o que querem para si mesmas com a mesma liberdade que nós.*

» Pesquise alguma situação relacionada à liberdade que envolva diferenças legais ou culturais das quais você vive. Pode ser uma diferença entre sua família e a família de um amigo, de sua religião e a religião de um amigo, de sua cultura brasileira e outra cultura que conheça. Depois comente sobre essas diferenças.

» Você acha que o mundo seria diferente se as pessoas fizessem suas escolhas responsabilizando-se pelas consequências? Explique.

_____
_____
_____
_____
_____
_____

» Leia e comente as frases:

"A prisão não são as grades, e a liberdade não é a rua; existem homens presos na rua e livres na prisão. É uma questão de consciência." (Mahatma Gandhi)

"O homem nasceu livre e por toda a parte vive acorrentado." (Jean-Jacques Rousseau)

"Deus criou o ser humano e o entregou ao poder de sua própria decisão." (cf. Eclo 15,14)

"Foi para a liberdade que Cristo nos libertou." (Gl 5,1)

» Crie três frases sobre a liberdade orientada para o bem, que divulgaria em uma rede social.

SEUS PEDIDOS E INTENÇÕES DE ORAÇÃO DA SEMANA
Descreva motivos, situações e pessoas por quem quer rezar.

12º Encontro — Em família

> Sede antes bondosos para com os outros, perdoando-vos mutuamente, como Deus vos perdoou em Cristo. (Ef 4,32)

LEIA e MEDITE o texto de Ef 4,29-32.

A família é de grande importância no Projeto de Amor de Deus. É nela que aprendemos não apenas nosso primeiro modelo de um relacionamento confiável, mas também nosso primeiro modelo de vida em comunidade. Nesse ambiente podemos aprender um estilo de relacionamento que suporta e incentiva o bem comum de cada membro, de modo que nossas vidas sejam expressão do amor de Deus e contribuam na renovação da sociedade.

Mas conviver em família nem sempre é fácil, algumas vezes as diferenças podem provocar reações egoístas ou até mesmo agressivas. Por isso Deus nos convida a exercitar a paciência e a mansidão para conseguir enraizar em nossas vidas uma prática cada vez mais constante de amor ao próximo.

É hora de PENSAR
e REGISTRAR o meu encontro

» Com base no encontro, por que a família é importante no Projeto de Amor de Deus?
_____
_____
_____
_____
_____
_____

» O que significa investir no relacionamento familiar?
_____
_____
_____
_____
_____
_____

» Quais são os princípios e as regras morais que sua família lhe ensinou? Se pudesse, você os mudaria? Comente.
_____
_____
_____
_____
_____
_____
_____
_____
_____
_____

» Cole o seu brasão familiar, elaborado durante o encontro, e o explique.

_____
_____
_____
_____
_____

» **Olhando o seu brasão, pare e pense: quais atitudes precisa exercitar para fazer a sua parte na harmonia familiar?**
___
___
___
___
___

SEUS PEDIDOS E INTENÇÕES DE ORAÇÃO DA SEMANA

Descreva motivos, situações e pessoas por quem quer rezar.

13º Encontro — Agradar a Deus

> Será que estou procurando o favor das pessoas ou de Deus? Por acaso estou querendo agradar às pessoas? Se ainda estivesse procurando agradar às pessoas, eu não seria o escravo de Cristo. (Gl 1,10)

LEIA e MEDITE o texto de Gl 1,10.

Muitas vezes agimos com o objetivo de agradar alguém. Pode ser porque queremos conquistar a amizade ou o afeto dessa pessoa, ou porque desejamos obter algum benefício, ou ainda porque simplesmente não queremos ser considerados "chatos" e "sem graça". São vários os motivos envolvidos quando tentamos agradar alguém.

No entanto como é quando se trata de agradar a Deus? Ah, daí a situação muda! Não é possível agradar a Deus com intenções encobertas.

Ele vê o que trazemos em nossos corações e pode captar o vazio das palavras ou das atitudes. Deus não pode ser enganado ou comprado. Agradá-lo, portanto, só é possível com sinceridade.

Agradar a Deus implica, necessariamente, coragem, nobreza, honra e fé por parte de quem escolhe fazê-lo. Implica lutar contra uma cultura "da facilidade", do "jeitinho", "da vantagem". Nem sempre será fácil, mas certamente será valioso.

E aí, suas atitudes como cristão estão agradando a quem: às pessoas ou a Deus?

É hora de PENSAR e REGISTRAR o meu encontro

» Você acha difícil agradar a Deus? Por quê?
_____
_____
_____
_____
_____

» Se as pessoas parassem de tentar agradar umas às outras para obter benefícios, o mundo seria diferente? Explique.

» Quando amamos alguém, é natural desejar agradar. Queremos ter o nosso afeto retribuído e não conseguiremos isso desagradando, não é? O problema surge quando, para agradar essa pessoa, acabamos desagradando a Deus. Qual é a sua opinião a respeito disso?

_____
_____
_____
_____
_____
_____
_____
_____
_____
_____

» **"S**em fé é impossível agradar a Deus" (Hb 11,6a). Comente este versículo.

» Você já conhece os Dez Mandamentos. Na sua opinião, vivê-los pode ser uma maneira de agradar a Deus? Quais deles você vive e quais não coloca em prática? Justifique as suas respostas. Lembre-se: este é o seu Diário, por isso seja sincero.

_____
_____
_____
_____
_____
_____

» **Durante o encontro você completou a frase "Agradar a Deus é...". Escreva-a abaixo e explique por que esta seria uma atitude agradável a Ele.**

_____
_____
_____
_____
_____

SEUS PEDIDOS E INTENÇÕES DE ORAÇÃO DA SEMANA

Descreva motivos, situações e pessoas por quem quer rezar.

14º Encontro — Jesus veio a quem precisa

Ouvindo isso, Jesus lhes disse: 'Não são os que têm saúde que precisam de médico, e sim os enfermos. Não vim chamar os justos, mas os pecadores'. (Mc 2,17)

LEIA e MEDITE o texto de Mc 2,13-17.

Jesus foi um grande revolucionário de sua época! Ele não se deixou influenciar pela cultura da indiferença e da opressão social. Pelo contrário, defendeu que a vida era mais importante do que qualquer lei ou norma social. Lutou para libertar as pessoas de suas próprias prisões, porque elas mesmas alimentavam sua condição miserável. Eram exploradas por seus governantes, mas viviam como "ovelhas sem pastor" (cf. Mt 9,36), já que eram abandonadas à margem da sociedade.

Assim como Ele, nós devemos continuar sua missão e ir ao encontro de quem precisa. Isso só será possível mantendo um olhar atento e sensível ao nosso redor, vendo o valor da vida além das aparências e crendo na recuperação da dignidade do próximo.

É hora de PENSAR e REGISTRAR o meu encontro

» Das situações difíceis que as pessoas marginalizadas enfrentam, e que foram apresentadas neste encontro, qual delas atraiu mais a sua atenção? Justifique.

_____
_____
_____
_____

» Escolha um grupo de pessoas marginalizadas e responda:

- Pobres
- Mulheres vítimas de violência
- Pessoas em situação de rua
- Pessoas com necessidades especiais
- Crianças e adolescentes abrigados em casas-lares

Existe alguma iniciativa em sua cidade que atenda a esse público e que você possa participar como voluntário? Não esqueça de conferir também em sua paróquia.

_____
_____
_____
_____

» Por que ajudar pessoas marginalizadas a alcançarem melhor qualidade de vida faz parte da nossa missão como cristãos?

_____
_____
_____
_____

» **Quais ações individuais podem ajudar pessoas em necessidade? Dessas ações, existe algo que você possa fazer? Comente.**

_____
_____
_____
_____

» **Que sentimentos lhe invadem diante das pessoas marginalizadas e quais pretende desenvolver a partir desse encontro? Lembre-se: ter apenas dó não ajuda ninguém...**

_____
_____
_____
_____
_____

SEUS PEDIDOS E INTENÇÕES DE ORAÇÃO DA SEMANA

Descreva motivos, situações e pessoas por quem quer rezar.

15º Encontro — Cultura da Paz

> Cuidai que ninguém pague o mal com o mal, mas procurai sempre o bem uns dos outros e de todos. (1Ts 5,15)

LEIA e MEDITE o texto de 1Ts 5,14-15.

Conflitos fazem parte da vida. Somos todos diferentes uns dos outros, então nossas opiniões e crenças nem sempre serão compatíveis. Mas isso não quer dizer que não possamos conviver pacificamente, certo?

Como cristãos, nós somos agentes da paz. Cabe a nós reconhecer que a raiva, o desentendimento, o preconceito e as diversas formas de violência podem causar consequências desastrosas para as pessoas, colocando em risco suas vidas e fortalecendo a desigualdade. Nossa postura diante do outro deve refletir o compromisso que temos com Deus.

Sobre a "Cultura da Paz", aprendemos de Jesus que devemos sempre nos posicionar contra qualquer discriminação ou agressão à dignidade do próximo. Devemos ser pessoas capazes de mediar conflitos, construir e fortalecer o diálogo, proteger a vida e incentivar o crescimento pessoal dos envolvidos. Nosso papel, como cristãos atuantes no mundo, é fazer florescer a paz nos momentos de tensão e contrariedade.

É hora de PENSAR e REGISTRAR o meu encontro

» **Para você, quais são principais dificuldades que encontramos para manter a paz?**

» **Se as pessoas se dedicassem a apaziguar os ânimos ao invés de incitá-los à violência, como você acha que seria a sociedade?**

» **O que você fez ou faz pela paz?**

Jesus valoriza a paz. Ele ensina a não responder o mal com o mal quando, por exemplo, orienta a oferecer também a face esquerda se alguém bater em nossa face direita (Mt 5,39). Por nunca apelar às armas, Ele diz a Pedro, que tentou defendê-Lo com violência, "põe a espada na bainha" (Jo 18,11a). Ele se cala diante das acusações de Pilatos.

> O seu caminho é estar ao lado das vítimas, ir até a cruz, redimir o mundo pelo amor e chamar felizes os pacíficos. Por isso, a Igreja respeita as pessoas que, por motivos de consciência, rejeitam o serviço das armas, mas se colocam ao serviço da comunidade.
> (YOUCAT Brasil, n. 397)

» Comente sobre como a postura de Jesus nos ensina a "Cultura da Paz".

_____
_____
_____
_____
_____
_____
_____
_____
_____
_____

» Inspirando-se no testemunho de Jesus, que atitudes você reconhece que precisa ter para cultuar a paz:

Em sua família?
_____
_____

No seu grupo de amigos?
_____
_____

Na escola?
_____
_____

SEUS PEDIDOS E INTENÇÕES DE ORAÇÃO DA SEMANA

Descreva motivos, situações e pessoas por quem quer rezar.

16º Encontro — O perdão na vida do cristão

> Suportai-vos uns aos outros e perdoai-vos mutuamente toda vez que tiverdes queixa contra alguém. Como o Senhor vos perdoou, assim perdoai também vós. (Cl 3,13)

LEIA e MEDITE o texto de Cl 3,12-15a.

Perdoar ou pedir perdão nem sempre é fácil. Quando nos sentimos feridos ou envergonhados é preciso autocontrole para ir ao encontro do outro e humildemente expressar nossos sentimentos, superar o que aconteceu e restaurar a paz.

Quando perdoamos oferecemos ao próximo condições para superar os próprios erros. O perdão nos faz vê-lo por inteiro, além de suas falhas. Ao perdoar igualmente superamos nossa mágoa, decepção ou raiva pela ofensa que nos atingiu e, nesse processo, podemos não apenas nos reconciliar com o outro, mas também conosco, extinguindo o que nos faz sofrer.

Jesus nos ensinou que o perdão nos liberta dos pecados e aproxima de Deus. Ele morreu por nós em um gesto de amor e gratuidade para que pudéssemos restaurar nossa relação de intimidade com Deus Pai. Da mesma forma, devemos nos esforçar para praticar o perdão de modo que todos possamos viver com a dignidade de filhos de Deus. Jesus, em diferentes situações, nos ensinou o perdão como virtude de gratuidade e nos deixou como legado saber perdoar até a quem consideramos inimigos, amando ao próximo como a nós mesmos.

É hora de PENSAR e REGISTRAR o meu encontro

» Por que perdoar faz parte do compromisso cristão?
_____
_____
_____
_____
_____

» Na primeira coluna, relacione palavras que expressem atitudes que ofendem. Na segunda coluna, atitudes que provocam a ofensa. E na terceira coluna, qual seria a atitude de perdão.

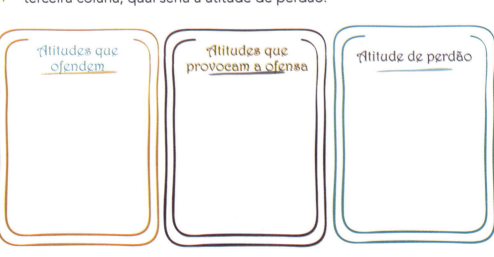

Atitudes que ofendem	Atitudes que provocam a ofensa	Atitude de perdão

» "Só devemos perdoar quando o outro se mostra arrependido". Você concorda com essa frase? Comente.

» Às vezes, direta ou indiretamente, colaboramos para que alguém nos ofenda ou magoe, pois provocamos uma situação por algum comentário ou atitude. Você já fez isso? O que aprendeu nessa situação?

» Por que perdoar e perdoar-se nem sempre é fácil?

» Vergonha e culpa são importantes para existir arrependimento? Justifique.

» **Nos relacionamentos mais íntimos, como a amizade e a vida em família, qual é a importância do perdão?**

_____
_____
_____
_____
_____

SEUS PEDIDOS E INTENÇÕES DE ORAÇÃO DA SEMANA

Descreva motivos, situações e pessoas por quem quer rezar.

17º Encontro — Ser vocacionado

> Também os predestinou a serem conformes à imagem de seu Filho. (Rm 8,29)

LEIA e MEDITE o texto de Rm 8,28-30.

Todo homem e toda mulher receberam de Deus uma vocação... Vocação vem do latim "*vocare*", que significa "chamado". Deus chama e o homem, em sua liberdade, responde como deseja. E o primeiro chamado que Deus nos faz é de sermos semelhantes ao vosso Filho, Jesus Cristo. Por isso somos chamados a colocar nossas aptidões e dons recebidos a serviço do nosso bem e do próximo, buscando construir a felicidade. Nesse processo, é preciso que cada um procure descobrir e escolher qual é a sua vocação específica: se nascemos para casar ou sermos celibatários, num estado de vida sacerdotal, religiosa ou leiga.

Sendo assim, a vocação não se restringe a fazer algo, mas a exercer com eficácia uma missão. Esta pode se dar m nossa vida profissional, religiosa, matrimonial, em qualquer dimensão que Deus nos tenha chamado.

É hora de PENSAR e REGISTRAR o meu encontro

» **N**a sua opinião, o que viemos fazer nesse mundo? Qual é a nossa finalidade?
_____
_____
_____
_____

» Descreva qual era o seu entendimento sobre vocação antes desse encontro e o que é vocação para você agora.

» **C**omo você pode viver o primeiro chamado que Deus faz a cada um de nós, de ser imagem e semelhança do seu Filho Jesus?
_____
_____
_____
_____

» **O** que é a felicidade para o cristão e como alcançá-la sendo fiel ao chamado de Deus?
_____
_____

» Escreva como você explicaria para seus amigos a frase:

> A vocação não se restringe a fazer algo, mas a exercer com eficácia uma missão.

_____
_____
_____
_____
_____
_____

SEUS PEDIDOS E INTENÇÕES DE ORAÇÃO DA SEMANA

Descreva motivos, situações e pessoas por quem quer rezar.

18° Encontro — Ser cristão em tempo integral

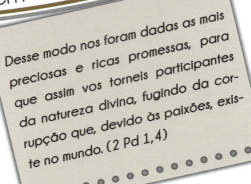

Desse modo nos foram dadas as mais preciosas e ricas promessas, para que assim vos torneis participantes da natureza divina, fugindo da corrupção que, devido às paixões, existe no mundo. (2 Pd 1,4)

LEIA e MEDITE o texto de 2 Pd 1,4-8.

O mundo nos dá, diariamente, inúmeras oportunidades para sermos corruptos. A corrupção nada mais é do que fazer escolhas que facilitem a nossa vida, ignorando ou nem sequer refletindo sobre as consequências delas às demais pessoas. Implica furar uma fila sem pensar no precioso tempo que estamos roubando dos que nela aguardavam, manter conosco o dinheiro que recebemos a mais no troco sem considerar que o caixa responderá pelo valor faltante ao final do seu turno, entrar no ônibus sem pagar a tarifa ignorando estarmos, com isso, colaborando para as más condições do transporte público... Escolher o que nos beneficia quando isso prejudica os demais é ceder à corrupção do mundo.

Não há espaço no compromisso cristão para atitudes como essas. Isso porque não existe "meio cristão" no Reino de Deus. É importante assumir um compromisso em período integral, preocupando-se a todo o momento sobre qual é a nossa conduta e a repercussão das nossas escolhas no mundo.

 E aí, você é um cristão em tempo integral?

É hora de PENSAR e REGISTRAR o meu encontro

» "Todo mundo faz, por que só eu não posso fazer?". Essa é a frase que muitos dizem ao justificar por que agem de modo corrupto. Argumente por que essa frase fere o que Jesus nos ensina.

_____
_____
_____
_____

» Se as pessoas não fizessem escolhas apenas pensando em si mesmas, mas considerassem as consequências de seus atos para as demais, você acha que a sociedade seria diferente? Comente.

_____
_____
_____
_____

» Quais qualidades o cristão deve expressar para não agir de modo corrupto?

» Após a reflexão que o encontro oportunizou, escreva como você explica o versículo:

> "Se estas qualidades estiverem entre vós e crescerem, não vos deixarão vazios nem estéreis no conhecimento de nosso Senhor Jesus Cristo." (2Pd 1,8)

_____
_____
_____
_____
_____

» O que significa não ser um "cristão nem frio nem morno", mas "quente"?

_____
_____
_____
_____

» Como nos manter um "cristão quente"?

_____
_____
_____
_____
_____

SEUS PEDIDOS E INTENÇÕES DE ORAÇÃO DA SEMANA

Descreva motivos, situações e pessoas por quem quer rezar.

19º Encontro — As vocações específicas

> Antes mesmo de te formar no ventre materno, eu te conheci; antes que nascestes, eu te consagrei e te constituí profeta para as nações (Jr 1,5).

LEIA e MEDITE o texto de Jr 1,4-9.

Todos nós temos uma vocação específica cuja fonte comum é o Batismo. Com o Batismo, Deus nos chama para uma missão particular por já termos a graça de sermos cristãos. Essa vocação específica é um chamado que Deus nos faz antes do nosso nascimento, sendo uma maneira particular de sermos cristãos atuando na Igreja e no mundo. Dentre elas podemos citar: a vocação laical em que, como leigo, o cristão vive comprometido com Jesus e sua Igreja; a vocação sacerdotal em que, pelo sacramento da Ordem, homens se colocam a serviço do povo de Deus; a vocação à vida consagrada em que, constituindo-se membros de

77

ordens e institutos religiosos, homens e mulheres vivem o seguimento a Jesus; a vocação missionária, chamado a todo cristão que, como padre, leigo, religioso... se dedica à missão de evangelizar tanto dentro como fora de seu país.

É hora de PENSAR e REGISTRAR o meu encontro

» Quais as quatro formas que podemos dividir as vocações específicas cuja fonte é o Batismo?

1.
2.
3.
4.

» Com qual vocação específica você mais se identifica? Por quê?
_____
_____
_____
_____
_____

» Qual a importância da vida consagrada (padres, religiosos e religiosas) para a Igreja e para a sociedade?
_____
_____
_____
_____
_____
_____

» Faça um acróstico com a palavra vocação, que demonstre o sentido do termo:

V
O
C
A
Ç
Ã
O

SEUS PEDIDOS E INTENÇÕES DE ORAÇÃO DA SEMANA

Descreva motivos, situações e pessoas por quem quer rezar.

20º Encontro — Hora Santa Vocacional

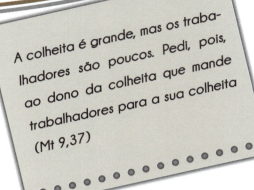

A colheita é grande, mas os trabalhadores são poucos. Pedi, pois, ao dono da colheita que mande trabalhadores para a sua colheita (Mt 9,37)

Leia e MEDITE os textos de Mt 9,35-38; Lc 10,1-9; Jo 10,11-16.

Como cristãos batizados, conscientes de que grande é a messe e poucos são os operários, rezemos por todas as vocações sacerdotais e religiosas. De modo especial, para que muitos jovens escutem e respondam "sim" ao chamado que Deus lhes faz.

Diante de Jesus sacramentado queremos rezar nessa Hora Santa para que, em nossas comunidades, aqueles que se dedicam ao Reino continuem a anunciar a Palavra do Senhor e a testemunhar o seu amor.

**É hora de PENSAR
e REGISTRAR o meu encontro**

» Como foi a experiência de rezar pelas vocações? Qual foi a sua oração e quais sentimentos teve?

_____
_____
_____
_____
_____

» Você conhece algum vocacionado(a)? Já teve a oportunidade de conversar com ele(a) e saber quais as motivações que o(a) levaram a fazer um processo de discernimento vocacional? Nos "seus pedidos e intenções de oração da semana", coloque o nome desta pessoa e reze por ela.

_____
_____
_____
_____
_____

» Você já parou para refletir seriamente sobre a sua vocação específica? Construa frases para dizer como você se vê:

{ *Na vocação laical, eu...* }

{ *Na vocação sacerdotal (só para os meninos), eu...* }

{ *Na vocação à vida consagrada, eu...* }

{ *Na vocação missionária, eu...* }

» Depois de completar as frases, você tem uma conclusão? Se sim, qual vocação você diria ser a sua?

SEUS PEDIDOS E INTENÇÕES DE ORAÇÃO DA SEMANA

Descreva motivos, situações e pessoas por quem quer rezar.

21º Encontro — Chamados à santidade

> Sede perfeitos como vosso Pai celeste é perfeito. (Mt 5,48)

LEIA e MEDITE o texto de Mt 5,43-48.

A palavra "santidade" significa participação gratuita da santidade de Deus. Neste sentido, ser santo não significa ausência de pecado, mas sim o esforço de reconhecer as falhas e limitações para mudar e ser melhor. Os santos são aqueles que reconheceram seus pecados e lutaram contra eles.

Nesse sentido, quando falamos de nossa vivência enquanto cristãos, podemos entender que é a busca pela santidade que nos motiva a viver em comunidade, pois a nossa experiência com nossos irmãos na fé nos ajuda a gradativamente nos aperfeiçoar.

É o chamado à santidade que nos faz sermos melhores a cada dia e compreendermos as limitações do próximo. Descobrimos que a Igreja existe por nossa causa

83

e por nossos irmãos e, juntos, sendo compassíveis e misericordiosos, somos suportes uns para os outros no caminho da santidade, pois Deus conhece o nosso coração, o nosso íntimo. E porque Deus é Santo, e fomos criados à sua imagem e semelhança, devemos também trilhar o caminho em busca da santidade, da perfeição.

É hora de PENSAR e REGISTRAR o meu encontro

» **Como podemos viver nosso chamado à santidade? Como isso se concretiza?**
_____
_____
_____
_____

» **Por que é a busca pela santidade que nos motiva a viver na comunidade?**
_____
_____
_____
_____

» **Sozinhos certamente será difícil alcançar a santidade. Com o auxílio de quem podemos alcançá-la?**

» Como você explicaria este texto aos seus familiares que criticam algumas pessoas da comunidade porque, segundo eles, têm muitas limitações e defeitos?

> Podemos dizer que, assim como um doente precisa de hospital, médico e remédios para ser curado, também os pecadores precisam do médico dos médicos, Jesus Cristo, de um grande hospital, a Igreja, e dos remédios, a oração, a Palavra de Deus, os Sacramentos, a vida em comunidade...

_____
_____
_____
_____
_____
_____

» Logo após a morte do querido Papa São João Paulo II, circulou na internet um poema atribuído a ele:

"Precisamos de Santos sem véu ou batina.
Precisamos de Santos de calças jeans e tênis.
Precisamos de Santos que vão ao cinema, ouvem música e
passeiam com os amigos.
Precisamos de Santos que coloquem Deus em primeiro lugar,
mas que se 'lascam' na faculdade.
Precisamos de Santos que tenham tempo todo dia para rezar e que
saibam namorar na pureza e castidade, ou que consagrem sua castidade.
Precisamos de Santos modernos, Santos do século XXI com uma espiritualidade inserida em nosso tempo.
Precisamos de Santos comprometidos com os pobres e as
necessárias mudanças sociais.
Precisamos de Santos que vivam no mundo, se santifiquem no mundo, que não tenham medo de viver no mundo.
Precisamos de Santos que bebam Coca-Cola e comam
hot dog, que usem jeans, que sejam internautas, que escutem iPod.
Precisamos de Santos que amem a Eucaristia e que não tenham vergonha de tomar um refrigerante ou comer pizza
no fim de semana com os amigos.
Precisamos de Santos que gostem de cinema, de teatro,
de música, de dança, de esporte.
Precisamos de Santos sociáveis, abertos, normais,
amigos, alegres, companheiros.
Precisamos de Santos que estejam no mundo, e saibam saborear as coisas puras e boas do mundo, mas que não sejam mundanos."

» Inspirando-se nestas palavras e, se quiser, com a ajuda de amigos, escreva uma música ou faça uma paródia para que esta mensagem chegue a todos os jovens. Se oportuno, poderá ser gravada e compartilhada nas redes sociais como uma forma de testemunhar nossa busca pela santidade.

SEUS PEDIDOS E INTENÇÕES DE ORAÇÃO DA SEMANA

Descreva motivos, situações e pessoas por quem quer rezar.

22º Encontro — Jesus ensina sobre a amizade

> Este é o meu mandamento: amai-vos uns aos outros como eu vos amei. Ninguém tem maior amor do que aquele que dá a vida por seus amigos. Vós sois meus amigos, se fizerdes o que vos mando.
> (Jo 15,12-14)

LEIA e MEDITE o texto de Jo 15,12-14.

Ter amigos é uma das melhores experiências que uma pessoa pode viver! Compartilhar segredos, receber apoio e conselhos, divertir-se... Amigos realmente nos fazem participar de bons momentos!

Jesus é nosso melhor amigo. Ele vem ao nosso encontro, ouve nossos lamentos, ajuda-nos a melhorar como pessoas e a superar dificuldades. Ele, sobretudo, nos ama a ponto de doar-se inteiramente por nós. Por isso Ele também nos ensina sobre como viver as nossas amizades de modo verdadeiro.

*É hora de PENSAR
e REGISTRAR o meu encontro*

» **C**onsiderando o que aprendemos com Jesus, o que torna uma amizade verdadeira?

_____
_____
_____
_____
_____

"Em tempos em que quase ninguém se olha nos olhos, em que a maioria das pessoas pouco se interessa pelo que não lhe diz respeito, só mesmo agradecendo àqueles que percebem nossas descrenças, indecisões, suspeitas, tudo o que nos paralisa, e gastam um pouco da sua energia conosco, insistindo" (Martha Medeiros).

» **A** partir dessa frase, comente sobre as dificuldades de construir uma amizade verdadeira.

_____
_____
_____
_____
_____

» **P**ara ser amigo de alguém, é preciso saber doar a si mesmo. O que isso quer dizer?

_____
_____
_____
_____
_____
_____
_____
_____

"Não vos enganeis: 'As más companhias corrompem os bons costumes'." (1Cor 15,33)

» Se as boas amizades fortalecem nossos valores cristãos, porque se baseiam no amor uns aos outros, o que dizer das amizades que nos afastam do caminho de Deus?
___
___
___
___
___

» O que significa, ao invés de ser amigo, apenas usar as pessoas do modo que nos convém?

» Como você identifica quando alguém está sendo amigo conforme Jesus ensina e quando não está?
___
___
___
___
___

» Por que é mais fácil acreditar em quem nos engana e nos conduz para caminhos que não convém?
___
___
___
___
___

89

>> **Que** lembrete você pode escrever para não esquecer as atitudes de amizade aprendidas com Jesus? Mãos à obra e escreva-o.

SEUS PEDIDOS E INTENÇÕES DE ORAÇÃO DA SEMANA

Descreva motivos, situações e pessoas por quem quer rezar.

23º Encontro — Igreja: pequenas comunidades de discípulos

> Foi em Antioquia que, pela primeira vez, os discípulos foram chamados de 'cristãos'. (At 11,26)

LEIA e MEDITE o texto de At 11,19-30.

O testemunho incansável de homens e mulheres, discípulos missionários de Jesus Cristo, fez com que dois mil anos depois o anúncio Dele chegasse até nós. E o que preservou aceso o ardor missionário até nossos dias foram as milhões de pequenas comunidades formadas ao redor do mundo.

A comunidade fortalece a fé de cada um e dá os meios para que seus membros cresçam no seguimento de Jesus. A Igreja, além de toda sua infraestrutura e organização mundial, se manifesta e acontece de modo especial nas pequenas comunidades onde, através dos pequenos grupos, é possível conhecer a história de cada um, dar oportunidade de voz e escuta a cada membro. É possível, também, juntos superar todas as dificuldades e dores, colocando a esperança da Ressurreição e a vida nova em Cristo acima de tudo.

É, portanto, fundamental que haja amor, respeito, misericórdia, perdão, partilha dos bens, vida de oração, escuta da Palavra e caridade para que a comunidade sobreviva e cumpra o seu ideal de ser o Rosto de Cristo no meio da sociedade. Ainda, que seus membros saibam testemunhar os valores e ensinamentos de Jesus, sejam a diferença que transforma os que estão ao seu redor e o mundo.

É hora de PENSAR e REGISTRAR o meu encontro

» O que são comunidades?

» O que identifica uma comunidade cristã?

» A Igreja, de fato, se manifesta e acontece de modo especial nas pequenas comunidades. Por quê?

» Existe alguma comunidade em seu bairro? Uma capela ou grupo de pessoas que se reúnem semanalmente para rezar?

_____
_____
_____
_____
_____

» Relacione as atitudes que você considera importantes praticar quando alguém participa dos grupos, da comunidade... Justifique por que estas atitudes são necessárias.

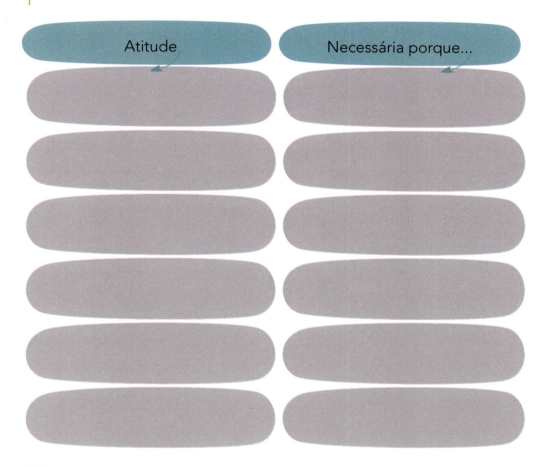

Atitude	Necessária porque...

» Leia suas respostas e identifique qual ou quais destas atitudes você tem dificuldade de exercitar. Silencie e reze pedindo a Deus para ajudá-lo a superar essa dificuldade, de modo a contribuir para que sua comunidade, seu grupo, seja o Rosto de Deus na sociedade.

93

SEUS PEDIDOS E INTENÇÕES DE ORAÇÃO DA SEMANA

Descreva motivos, situações e pessoas por quem quer rezar.

24º Encontro — A Igreja e sua organização

> Então os apóstolos e presbíteros, de acordo com toda a Igreja, resolveram escolher alguns homens e enviá-los... (At 15,22)

LEIA e MEDITE o texto de At 15,1-33.

É natural que pessoas tão diferentes reunidas tenham divergências e, por isso, a Igreja aos poucos foi se organizando para discernir os caminhos e passos a serem dados, resgatando acima de tudo a essência da pregação e dos mandamentos deixados por Jesus. Com isso, ao longo de dois mil anos, a Igreja criou uma robusta estrutura e complexa organização.

A estrutura da Igreja conta com uma hierarquia, com os seguintes títulos e funções:

- O **PAPA** é o Bispo de Roma, sinal da unidade da Igreja Universal (Católica). É o guardião da integridade e totalidade da fé, responsável por pastorear todos os cristãos. Sucessor de Pedro, o primeiro Papa.

- Os **CARDEAIS** são Bispos escolhidos pelo Papa ao redor de todo o mundo. São seus conselheiros e colaboradores mais próximos.

- Os **PATRIARCAS** são títulos de alguns líderes da Igreja Católica de ritos orientais e que estão em plena comunhão com a Igreja de Roma. Estes patriarcas orientais, que ao todo são seis, são eleitos pelos seus respectivos Sínodos e depois reconhecidos pelo Papa.

- Os **ARCEBISPOS**, chamados também de Metropolitas, são Bispos que estão à frente das arquidioceses, título dado à sede de uma província eclesiástica (a junção de algumas Dioceses).

- Os **BISPOS** são os sucessores diretos dos doze Apóstolos e são os responsáveis por pastorear uma porção do povo de Deus, reunidos nas chamadas Dioceses.

- Os **PRESBÍTEROS** ou **PADRES** são os colaboradores dos Bispos no pastoreio do povo de Deus.

- Os **DIÁCONOS** são os auxiliares dos presbíteros e Bispos. Possuem o primeiro grau do Sacramento da Ordem.

- **MONSENHOR** é um título honorário, ou seja, de homenagem para um presbítero, dado por trabalhos a ele confiados ou realizados.

A Igreja Católica ainda tem uma organização a nível universal, que está estruturada em torno da Santa Sé e da Cúria Romana, divididas em Secretaria de Estado, Conselhos Pontifícios, Congregações, Tribunais e outros organismos constituídos para reger a Igreja.

Na América Latina e Caribe foi constituído o Conselho Episcopal Latino-Americano (CELAM) com o intuito de articular a Igreja presente nessa realidade, fomentando a reflexão. Tem a função de propor projetos de evangelização e ação pastoral.

A nível nacional, a Igreja é organizada pelas Conferências Episcopais que têm a função de articular os diversos regionais, arquidioceses e Dioceses, promovendo a comunhão dos Bispos. No Brasil, temos a Conferência Nacional dos Bispos do Brasil (CNBB), com sede em Brasília-DF, e é constituída por todos os Bispos do Brasil e está estruturada por Conselhos, Comissões Episcopais, Organismos e Pastorais.

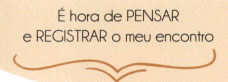

É hora de PENSAR e REGISTRAR o meu encontro

» Quem é o atual Papa da Igreja e qual a sua importância e função? Escolha uma frase entre os seus inúmeros documentos e pronunciamentos que sirva de inspiração para sua caminhada enquanto um jovem cristão.

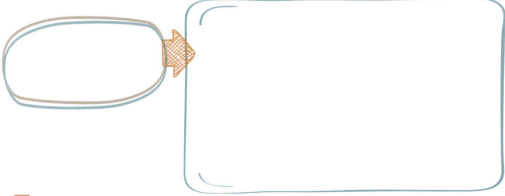

» Quem é o Bispo de sua Arquidiocese ou Diocese e qual o seu papel?
_____
_____

» **Pesquise e descubra como está organizada a sua Arquidiocese ou Diocese em linhas gerais. Onde é a sede administrativa e pastoral (cúria), quais os organismos, pastorais e conselhos existentes?**

_____
_____
_____
_____
_____
_____
_____
_____

SEUS PEDIDOS E INTENÇÕES DE ORAÇÃO DA SEMANA

Descreva motivos, situações e pessoas por quem quer rezar.

25º Encontro — A videira e os ramos

> Eu sou a videira, vós os ramos. Quem permanece em mim, e eu nele, dá muito fruto; porque sem mim nada podeis fazer. (Jo 15,5)

LEIA e MEDITE o texto de Jo 15,1-8.

Como Igreja, cada um de nós, inserido dentro das diversas pastorais e comunidades, deve dar os frutos que o Pai espera de nós: servir aos mais pobres e necessitados anunciando o Reino de Deus e pregando o Evangelho. As pastorais, comunidades, associações e movimentos, portanto, tornam-se lugares privilegiados para colocar os dons a serviço da Igreja e produzir frutos.

No entanto é importante compreender que a convivência na Igreja, em pequenos grupos, possibilita sermos "podados", a nos conhecermos, tornando-nos melhores e mais dóceis à vontade de Deus e abertos à sua misericórdia. As podas são necessárias para nossa vida, podem ser muitas e acontecerem de diversos modos: a dor da perda de um ente querido; o término de um namoro; a reprovação no vestibular, em alguma disciplina ou na busca de um emprego... Enfim,

99

não importa o que seja, e o quão dolorido possa ser, o importante é a maneira como iremos "encarar" cada situação.

Confiantes em Deus, e repletos de esperança, devemos olhar "as podas" como oportunidade de crescimento e amadurecimento, de mudança e de fortalecimento. Esse entendimento vale tanto para nossa vida familiar e social quanto no trabalho pastoral, no relacionamento e na vivência em comunidade.

É hora de PENSAR e REGISTRAR o meu encontro

» **Por que Jesus faz uma analogia da videira com Ele e a comunidade?**
_____
_____
_____

» **Retomando o texto do Evangelho de Jo 15,1-8, identifique os versículos que correspondem:**

{ *À atividade do Pai:* }
_____
_____
_____

{ *À comunidade – condição para dar fruto:* }
_____
_____
_____

{ *Ao discípulo – que pode dar fruto ou ser estéril:* }
_____
_____
_____

» **Qual a importância das "podas" em nossa vida? O que elas significam?**

_____
_____
_____
_____
_____
_____

» **Qual foi a "poda" que se tornou oportunidade de amadurecimento, de mudança e fortalecimento em sua vida? Responda desenhando e usando palavras-chave.**

SEUS PEDIDOS E INTENÇÕES DE ORAÇÃO DA SEMANA

Descreva motivos, situações e pessoas por quem quer rezar.

26º Encontro — Vinde trabalhar na minha vinha

Pelo fim do dia, o dono da vinha disse ao seu feitor: 'Chama os trabalhadores e paga os salários, a começar dos últimos até os primeiros contratados'. (Mt 20,8)

LEIA e MEDITE o texto de Mt 20,1-16.

O Pai insiste conosco e nos dá uma nova chance de respondermos o nosso "sim": "Ide também vós para a vinha e eu vos darei o que for justo" (Mt 20,4). Deus é aquele que nos chama e não nos decepciona. A vida junto Dele é uma vida que vale a pena...

**É hora de PENSAR
e REGISTRAR o meu encontro**

» **P**or que na parábola que Jesus contou todos receberam o mesmo pagamento?

» **A** Igreja é a grande vinha do Senhor. Por que existe a falta de operários para nela trabalhar?
_____
_____
_____
_____

Na paróquia em que você participa existem várias pessoas, desconhecidas muitas vezes, que se dedicam ao trabalho pastoral e com muito amor testemunham e anunciam a Palavra de Deus. Procure alguma dessas pessoas engajadas na ação pastoral da Igreja, conheça sua história e relate no espaço a seguir o seu testemunho de fé.
_____
_____
_____
_____
_____
_____
_____
_____

SEUS PEDIDOS E INTENÇÕES DE ORAÇÃO DA SEMANA

Descreva motivos, situações e pessoas por quem quer rezar.

27º Encontro — Quem sou eu na Igreja

> Deus dispôs o corpo dando maior dignidade ao que dela carecia, a fim de que não houvesse divisões no corpo, mas que todos os membros tivessem a mesma solicitude uns com os outros. (1Cor 12,24-25).

LEIA e MEDITE o texto de 1Cor 12,12-26.

Como cristãos, temos o dever e compromisso de manter a estrutura e organização da Igreja e comunidade da qual participamos. Somos responsáveis por fazê-las funcionar. Sendo assim, além do estudo e trabalho proveniente da profissão que um dia cada um exercerá, temos que doar também nossos dons e talentos a serviço da comunidade em que estamos inseridos.

Na igreja, os que ali desempenham uma função estão a serviço de todo o Corpo. A Igreja é o único lugar onde todos somos iguais, não existe serviço melhor ou maior, todos têm a sua dignidade e necessidade. Quando vemos algo que não está saindo bem ou notamos a falta de pessoas para algum serviço é porque nós, cristãos, não nos conscientizamos de que alguém não fez a sua parte, ou de que alguém não assumiu o seu compromisso e o seu papel diante da missão.

A Igreja somos todos nós, cuja cabeça é Cristo. Cada um de nós tem uma função e importância para o bom funcionamento da comunidade. Por isso é preciso descobrir o nosso lugar na Igreja, de acordo com nossas habilidades, dons e talentos, e desempenhar com amor e responsabilidade nosso serviço.

É hora de PENSAR e REGISTRAR o meu encontro

» Por que Jesus compara a Igreja a um corpo?
_____
_____
_____
_____

» Quando você vê algo que não está saindo bem ou percebe a falta de pessoas para algum serviço na Igreja, o que pensa? O que fala sobre o assunto? Escreva algumas frases que você diz.
_____
_____
_____
_____
_____
_____

» Agora analise suas falas em relação ao que foi refletido no encontro e depois responda as questões.

Qual é meu papel e função como membro do corpo de Cristo, que é a Igreja?
___
___
___
___

Quais os dons e talentos posso colocar a serviço da comunidade?
___
___
___
___

SEUS PEDIDOS E INTENÇÕES DE ORAÇÃO DA SEMANA

Descreva motivos, situações e pessoas por quem quer rezar.

28º Encontro — Se preparando para a festa da unidade paroquial

Pedro, porém, disse: 'Não tenho nem ouro nem prata, mas o que tenho eu te dou: Em nome de Jesus Cristo Nazareno põe-te a caminhar!' E pegando-o pela mão direita o levantou. (At 3,6-7)

LEIA e MEDITE o texto de At 3,1-8.

Pedro e João deram àquele homem tudo o que tinham, a fé no Senhor, e com isso transformaram a sua vida. Nós também, todos os batizados, cristãos e cristãs, como Igreja, podemos oferecer à nossa sociedade e ao nosso mundo o que temos de melhor: a nossa fé em Cristo.

**É hora de PENSAR
e REGISTRAR o meu encontro**

» Por que a nossa fé em Jesus pode transformar nossa sociedade?
_____
_____
_____
_____
_____
_____
_____

» Diante da sua fé, o que você tem a oferecer à comunidade em que participa para, como Igreja, transformar as inúmeras realidades de nosso mundo?

Qual o compromisso que você assumiu para que a festa da unidade paroquial se torne realidade?
_____
_____
_____

SEUS PEDIDOS E INTENÇÕES DE ORAÇÃO DA SEMANA

Descreva motivos, situações e pessoas por quem quer rezar.

29º Encontro — A festa da unidade paroquial

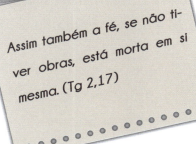

Assim também a fé, se não tiver obras, está morta em si mesma. (Tg 2,17)

LEIA e MEDITE o texto de Tg 2,14-17.

A Igreja de Cristo é formada pela diversidade. Homens e mulheres, adolescentes e crianças, jovens e idosos... cada um com o seu jeito de ser e pensar, com os seus dons e talentos, com suas esperanças, sonhos e experiências. Assim, em cada maneira de viver a vocação e o chamado que Deus nos faz, em cada comunidade, pastoral, movimento e associação, a Igreja torna-se visível no mundo. A grande unidade na diversidade, o grande corpo tendo Cristo como cabeça.

Na festa da unidade paroquial você pôde experimentar esta multiplicidade e visualizar a rique-

111

za da Igreja, onde pessoas de fé colocam-se a serviço, pois sabem que a fé sem obras é morta. Por isso você é convidado, diante desta riqueza que é sua paróquia, a servir com suas habilidades neste projeto de edificação em que a fé é acompanhada de boas obras.

É hora de PENSAR e REGISTRAR o meu encontro

» Como foi a experiência de conhecer a diversidade de ministérios e serviços existentes na sua paróquia? Você conhece os inúmeros trabalhos e atividades realizados?

_____
_____
_____
_____
_____
_____
_____
_____

» Com qual comunidade, pastoral, movimento ou associação você mais se identificou e por quê?

» O grupo com o qual você mais se identificou é o que você escolheu para realizar seu estágio pastoral? Se não, qual o grupo que escolheu e qual a motivação para se inserir nele para o trabalho pastoral?

___

SEUS PEDIDOS E INTENÇÕES DE ORAÇÃO DA SEMANA

Descreva motivos, situações e pessoas por quem quer rezar.

30º Encontro — Para onde vou?

> O que planta e o que rega são iguais, mas cada um receberá a sua recompensa conforme o seu trabalho. Porque nós somos cooperadores de Deus, e vós a lavoura de Deus, o edifício de Deus. (1Cor 3,8-9)

LEIA e MEDITE o texto de 1Cor 3,5-11.

Paulo, ao escrever para a comunidade de Coríntios, exorta a reconhecerem que todos são cooperadores de Deus. Ninguém é maior ou melhor do que ninguém. Pois, se estamos aqui hoje, é porque muitos vieram antes de nós, como os apóstolos e os primeiros discípulos que fizeram com que o Evangelho fosse anunciado a todas as nações. Eles foram responsáveis, como Paulo, por edificar os alicerces da Igreja. Os que vieram depois, construíram... colocaram portas, janelas, telhado... E hoje somos nós que recebemos a missão de continuar o que eles iniciaram com tanta fé e coragem.

**É hora de PENSAR
e REGISTRAR o meu encontro**

» **P**or que Paulo exorta a comunidade a reconhecer que todos são cooperadores de Deus?

_____
_____
_____
_____
_____
_____

» **C**omo foi ouvir seus amigos da catequese partilharem as motivações para a escolha do grupo no qual se engajarão? Descobriu algo interessante ao ouvi-los?

_____
_____
_____
_____
_____
_____

» **E**, sobre a sua escolha, o que tem a dizer? Como explicaria as motivações de sua opção?

SEUS PEDIDOS E INTENÇÕES DE ORAÇÃO DA SEMANA

Descreva motivos, situações e pessoas por quem quer rezar.

31º Encontro — Conhecendo minha comunidade, pastoral, movimento ou associação

Filho, vai hoje trabalhar na vinha. (Mt 21,28)

LEIA e MEDITE o texto de Mt 21,28-31a.

Deus, na sua infinita bondade, constantemente nos chama a ir trabalhar na sua Igreja: "Filho, vai trabalhar na vinha". A Igreja é a grande vinha do Senhor, onde podemos colocar nossos dons e talentos em prática, onde podemos assumir os compromissos assumidos no nosso Batismo…

É hora de PENSAR
e REGISTRAR o meu encontro

» **C**omo foi conhecer e conversar com o representante do grupo em que irá realizar seu estágio? Quem é e que papel ele desempenha no grupo ao qual pertence?

_____
_____
_____
_____
_____
_____
_____
_____

» **R**elate brevemente a história e a finalidade do grupo que você escolheu:

_____
_____
_____
_____
_____
_____
_____
_____
_____

» **Q**uais as atividades do grupo, reuniões, locais e horários em que você deverá participar?

SEUS PEDIDOS E INTENÇÕES DE ORAÇÃO DA SEMANA

Descreva motivos, situações e pessoas por quem quer rezar.

32º Encontro — Inseridos na ação pastoral da Igreja

> Os que recebem a semente em terra boa são aqueles que ouvem a palavra, acolhem-na e dão fruto, uns trinta, outros sessenta e outros cem. (Mc 4,20)

LEIA e MEDITE o texto de Mc 4,1-9.14-20.

Uma longa caminhada foi percorrida para chegar até aqui. Inúmeros encontros, reflexões e atividades foram realizadas. Chegando à conclusão de mais uma etapa, queremos convidar você a fazer uma avaliação sobre sua caminhada e ainda refletir sobre as palavras do Papa Francisco ao discursar aos jovens numa vigília na praia de Copacabana, no Rio de Janeiro, durante a 28ª Jornada Mundial da Juventude.

É hora de PENSAR e REGISTRAR o meu encontro

» **A**pós vários anos refletindo e aprendendo sobre as coisas de Deus e da sua Igreja, é hora de olhar para si mesmo e se perguntar:

- Tornei-me uma pessoa melhor ao trilhar esse caminho? Quais transformações aconteceram em minha vida?

_____
_____
_____
_____
_____
_____
_____
_____

» **L**eia atentamente o discurso do Papa Francisco aos jovens e grife os trechos que mais achar importantes para sua vida de cristão, discípulo missionário de Jesus Cristo.

DISCURSO DURANTE A VIGÍLIA DE ORAÇÃO COM OS JOVENS – JMJ

Sábado, 27 de Julho de 2013

Queridos jovens,

Contemplando vocês que hoje estão aqui presentes, me vem à mente a história de São Francisco de Assis. Diante do Crucifixo, ele escuta a voz de Jesus que lhe diz: «Francisco, vai e repara a minha casa». E o jovem Francisco responde, com prontidão e generosidade, a esta chamada do Senhor para reparar sua casa. Mas qual casa? Aos poucos, ele percebe que não se tratava fazer de pedreiro para reparar um edifício feito de pedras, mas de dar a sua contribuição para a vida da Igreja; era colocar-se ao serviço da Igreja, amando-a e trabalhando para que transparecesse nela sempre mais a Face de Cristo.

Também hoje o Senhor continua precisando de vocês, jovens, para a sua Igreja. Queridos jovens, o Senhor precisa de vocês! Ele também hoje chama a cada um de vocês para segui-lo na sua Igreja e ser missionário. Hoje, queridos jovens, o Senhor lhes chama! Não em magote, mas um a um… a cada um. Escutem no coração aquilo que lhes diz. Penso que podemos aprender algo daquilo que sucedeu nestes dias: por causa do mau tempo, tivemos de suspender a realização desta Vigília no "Campus Fidei", em Guaratiba. Não quererá porventura o Senhor dizer-nos que o verdadeiro "Campus Fidei", o verdadeiro Campo da Fé não é um lugar geográfico, mas somos nós mesmos? Sim, é verdade! Cada um de nós, cada um de vocês, eu, todos. E ser discípulo missionário significa saber que somos o Campo da Fé de Deus. Ora, partindo da denominação Campo da Fé, pensei em três imagens que podem nos ajudar a entender melhor o que significa ser um discípulo missionário: a primeira imagem, o campo como lugar onde se semeia; a segunda, o campo como lugar de treinamento; e a terceira, o campo como canteiro de obras.

1. O campo como lugar onde se semeia. Todos conhecemos a parábola de Jesus sobre um semeador que saiu pelo campo lançando sementes; algumas caem à beira do caminho, em meio às pedras, no meio de espinhos e não conseguem se desenvolver; mas outras caem em terra boa e dão muito fruto (cf. Mt 13,1-9). Jesus mesmo explica o sentido da parábola: a semente é a Palavra de Deus que é lançada nos nossos corações (cf. Mt 13,18-23). Hoje – todos os dias, mas de forma especial hoje – Jesus semeia. Quando aceitamos a Palavra de Deus, então somos o Campo da Fé! Por favor, deixem que Cristo e a sua Palavra entrem na vida de vocês, deixem entrar a semente da Palavra de Deus, deixem que germine, deixem que cresça. Deus faz tudo, mas vocês deixem-no agir, deixem que Ele trabalhe neste crescimento!

Jesus nos diz que as sementes, que caíram à beira do caminho, em meio às pedras e em meio aos espinhos não deram fruto. Creio que podemos, com honestidade, perguntar-nos: Que tipo de terreno somos, que tipo de terreno queremos ser? Quem sabe se, às vezes, somos como o caminho: escutamos o Senhor, mas na nossa vida não muda nada, pois nos deixamos aturdir por tantos apelos superficiais que escutamos. Eu pergunto-lhes, mas agora não respondam, cada um responde no seu coração: Sou uma jovem, um jovem aturdido? Ou somos como o terreno pedregoso: acolhemos Jesus com entusiasmo, mas somos inconstantes; diante das dificuldades, não temos a coragem de ir contra a corrente. Cada um de nós responda no seu coração: Tenho coragem ou sou um cobarde? Ou somos como o terreno com os espinhos: as coisas, as paixões negativas sufocam em nós as palavras do Senhor (cf. Mt 13, 18-22). Em meu coração, tenho o hábito de jogar em dois papéis: fazer bela figura com Deus e fazer bela figura com o diabo? O hábito de querer receber a semente de Jesus e, ao mesmo tempo, irrigar os espinhos e as ervas daninhas que nascem no meu coração? Hoje, porém, eu tenho a certeza que a semente pode cair em terra boa. Nos testemunhos, ouvimos como a semente caiu em terra boa. «Não, Padre, eu não sou terra boa! Sou uma calamidade, estou cheio de pedras, de espinhos, de tudo». Sim, pode suceder que à superfície seja assim, mas você liberte um pedacinho, um bocado de terra boa e deixe que caia lá a semente e verá como vai germinar. Eu sei que vocês querem ser terreno bom, cristãos de verdade; e não cristãos pela metade, nem cristãos "engomadinhos", cujo cheiro os denuncia pois parecem cristãos mas no fundo, no fundo não fazem nada; nem cristãos de fachada, cristãos que são "pura aparência", mas sim cristãos autênticos. Sei que vocês não querem viver na ilusão de uma liberdade inconsistente que se deixa arrastar pelas modas e as conveniências do momento. Sei que vocês apostam em algo grande, em escolhas definitivas que deem pleno sentido. É assim ou estou enganado? É assim? Bem; se é assim, façamos uma coisa: todos, em silêncio, fixemos o olhar no coração e cada um diga a Jesus que quer receber a semente. Digam a Jesus: Vê, Jesus, as pedras que tem, vê os espinhos, vê as ervas daninhas, mas vê este pedacinho de terra que te ofereço para que entre a semente. Em silêncio, deixemos entrar a semente de Jesus. Lembrem-se deste momento, cada um sabe o nome da semente que entrou. Deixem-na crescer, e Deus cuidará dela.

2. O campo como lugar de treinamento. O campo, para além de ser um lugar de sementeira, é lugar de treinamento. Jesus nos pede que o sigamos por toda a vida, pede que sejamos seus discípulos, que "joguemos no seu time". A maioria de vocês ama os esportes. E aqui no Brasil, como em outros países, o futebol é paixão nacional. Sim ou não? Ora bem, o que faz um jogador quando é convocado para jogar em um time? Deve treinar, e muito! Também é assim a nossa vida de discípulos do Senhor. Descrevendo os cristãos, São Paulo nos diz: «Todo atleta se impõe todo tipo de disciplina. Eles assim procedem, para conseguirem uma coroa corruptível. Quanto a nós, buscamos uma coroa incorruptível!» (1Co 9, 25). Jesus nos oferece algo superior à Copa do Mundo! Algo superior à Copa do Mundo! Jesus oferece-nos a possibilidade de uma vida fecunda, de uma vida feliz e nos oferece também um futuro com Ele que não terá fim, na vida eterna. É o que nos oferece Jesus, mas pede para pagarmos a entrada; e a entrada é que treinemos para estar "em forma", para enfrentar, sem medo, todas as situações da vida, testemunhando a nossa fé. Através do diálogo com Ele: a oração. Padre, agora vai pôr-nos todos a rezar? Porque não? Pergunto-lhes… mas respondam no seu coração, não em voz alta mas no silêncio: Eu rezo? Cada um responda. Eu falo com Jesus ou tenho medo do silêncio? Deixo que o Espírito Santo fale no meu coração? Eu pergunto a Jesus: Que queres que eu faça, que queres da minha vida? Isto é treinar-se. Perguntem a Jesus, falem com Jesus. E se cometerem um erro na vida, se tiverem uma escorregadela, se fizerem qualquer coisa de mal, não tenham medo. Jesus, vê o que eu fiz! Que devo fazer agora? Mas falem sempre com Jesus, no bem e no mal, quando fazem uma coisa boa e quando fazem uma coisa má. Não tenham medo d'Ele! Esta é a oração. E assim treinam no diálogo com Jesus, neste discipulado missionário! Através dos sacramentos, que fazem crescer em nós a sua presença. Através do amor fraterno, do saber escutar, do compreender, do perdoar, do acolher, do ajudar os demais, qualquer pessoa sem excluir nem marginalizar ninguém. Queridos jovens, que vocês sejam verdadeiros "atletas de Cristo"!

3. O campo como canteiro de obras. Aqui mesmo vimos como se pôde construir uma igreja: indo e vindo, os jovens e as jovens deram o melhor de si e construíram a Igreja. Quando o nosso coração é uma terra boa que acolhe a Palavra de Deus, quando "se sua a camisa" procurando viver como cristãos, nós experimentamos algo maravilhoso: nunca estamos sozinhos, fazemos parte de uma família de irmãos que percorrem o mesmo caminho; somos parte da Igreja. Esses jovens, essas jovens não estavam sós, mas, juntos, fizeram um caminho e construíram a Igreja; juntos, realizaram o que fez São Francisco: construir, reparar a Igreja. Eu lhes pergunto: Querem construir a Igreja? [Sim...] Se animam uns aos outros a fazê-lo? [Sim...] E amanhã terão esquecido este «sim» que disseram? [Não...] Assim gosto! Somos parte da Igreja; mais ainda, tornamo-nos construtores da Igreja e protagonistas da história. Jovens, por favor, não se ponham na «cauda» da história. Sejam protagonistas. Joguem ao ataque! Chutem para diante, construam um mundo melhor, um mundo de irmãos, um mundo de justiça, de amor, de paz, de fraternidade, de solidariedade. Jogai sempre ao ataque! São Pedro nos diz que somos pedras vivas que formam um edifício espiritual (cf. 1Pe 2,5). E, olhando para este palco, vemos a miniatura de uma igreja, construída com pedras vivas. Na Igreja de Jesus, nós somos as pedras vivas, e Jesus nos pede que construamos a sua Igreja; cada um de nós é uma pedra viva, é um pedacinho da construção e, quando vem a chuva, se faltar aquele pedacinho, temos infiltrações e entra a água na casa. E não construam uma capelinha, onde cabe somente um grupinho de pessoas. Jesus nos pede que a sua Igreja viva seja tão grande que possa acolher toda a humanidade, que seja casa para todos! Ele diz a mim, a você, a cada um: «Ide e fazei discípulos entre todas as nações»! Nesta noite, respondamos-lhe: Sim, Senhor! Também eu quero ser uma pedra viva; juntos queremos edificar a Igreja de Jesus! Eu quero ir e ser construtor da Igreja de Cristo! Atrevem-se a repetir isto? Eu quero ir e ser construtor da Igreja de Cristo! Digam agora... [os jovens repetem]. Depois devem se lembrar que o disseram juntos.

O coração de vocês, coração jovem, quer construir um mundo melhor. Acompanho as notícias do mundo e vejo que muitos jovens, em tantas partes do mundo, saíram pelas estradas para expressar o desejo de uma civilização mais justa e fraterna. Os jovens nas estradas; são jovens que querem ser protagonistas da mudança. Por favor, não deixem para outros o ser protagonistas da mudança! Vocês são aqueles que têm o futuro! Vocês... Através de vocês, entra o futuro no mundo. Também a vocês, eu peço para serem protagonistas desta mudança. Continuem a vencer a apatia, dando uma resposta cristã às inquietações sociais e políticas que estão surgindo em várias partes do mundo. Peço-lhes para serem construtores do mundo, trabalharem por um mundo melhor. Queridos jovens, por favor, não «olhem da sacada» a vida, entrem nela. Jesus não ficou na sacada, mergulhou... «Não olhem da sacada» a vida, mergulhem nela, como fez Jesus.

Resta, porém, uma pergunta: Por onde começamos? A quem pedimos para iniciar isso? Por onde começamos? Uma vez perguntaram a Madre Teresa de Calcutá o que devia mudar na Igreja; queremos começar, mas por qual parede? Por onde – perguntaram a Madre Teresa – é preciso começar? Por ti e por mim: respondeu ela. Tinha vigor aquela mulher! Sabia por onde começar. Hoje eu roubo a palavra a Madre Teresa e digo também a você: Começamos? Por onde? Por ti e por mim! Cada um, de novo em silêncio, se interrogue: se devo começar por mim, por onde princípio? Cada um abra o seu coração, para que Jesus lhe diga por onde começar.

Queridos amigos, não se esqueçam: Vocês são o Campo da Fé! Vocês são os atletas de Cristo! Vocês são os construtores de uma Igreja mais bela e de um mundo melhor. Elevemos o olhar para Nossa Senhora. Ela nos ajuda a seguir Jesus, nos dá o exemplo com o seu "sim" a Deus: «Eis aqui a serva do Senhor, faça-se em mim segundo a tua Palavra» (Lc 1,38). Também nós o dizemos a Deus, juntos com Maria: faça-se em mim segundo a Tua palavra. Assim seja!

SEUS PEDIDOS E INTENÇÕES DE ORAÇÃO DA SEMANA

Descreva motivos, situações e pessoas por quem quer rezar.

A Igreja de amanhã agora depende de você!

Queridos jovens,

Durante vários anos a equipe de "O CAMINHO" se dedicou a escrever os subsídios que orientaram seus catequistas, assim como os Diários que você utilizou para refletir e aprofundar a temática trabalhada em cada encontro. Todo esse trabalho foi feito com muito carinho e dedicação, pois queríamos partilhar com vocês um pouco do que acreditamos, da fé que professamos e das maravilhas que Deus em nós tem realizado. Sem dúvida é uma maneira que encontramos de colocar nossos dons e talentos a serviço da Igreja e da construção do Reino de Deus. Até aqui cumprimos nossa parte...

Agora vocês também, como nós, são chamados a encontrar seus lugares na grande vinha do Senhor e colocar-se a serviço. Esta, sem dúvida, é a função da catequese ou do processo de Iniciação à Vida Cristã: FORMAR DISCÍPULOS MISSIONÁRIOS DE JESUS CRISTO.

Nesse caminho vocês puderam descobrir que, na Igreja, não são meros espectadores, mas atores principais: cada um tem um papel, uma função na edificação do Reino, um compromisso a ser assumido e que ninguém poderá fazê-lo em seu lugar.

Assim como nós recebemos, transmitimos... A Igreja de amanhã agora depende de você!

Unidos à Maria, a primeira discípula, peçamos a sua intercessão para darmos o nosso SIM a cada manhã até o dia em que nos encontraremos e formaremos uma só família, na grande assembleia dos Santos, no Reino dos Céus que o Senhor a nós preparou.

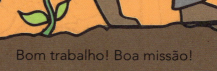

Bom trabalho! Boa missão!

Equipe O CAMINHO

Meu Domingo

A reunião em comunidade para ouvir a Palavra de Deus e Partir o Pão (celebração da Eucaristia) deve sempre provocar uma reflexão e transformação em nossa vida, no nosso jeito de ser e agir.

> Diante disso, nos quadrinhos a seguir, referentes a cada domingo do mês, anote a mensagem ou palavra que ouviu na celebração e que o ajudou a refletir. Pode, ainda, anotar uma atitude ou mudança que lhe provocou e inspirou a colocar em prática.

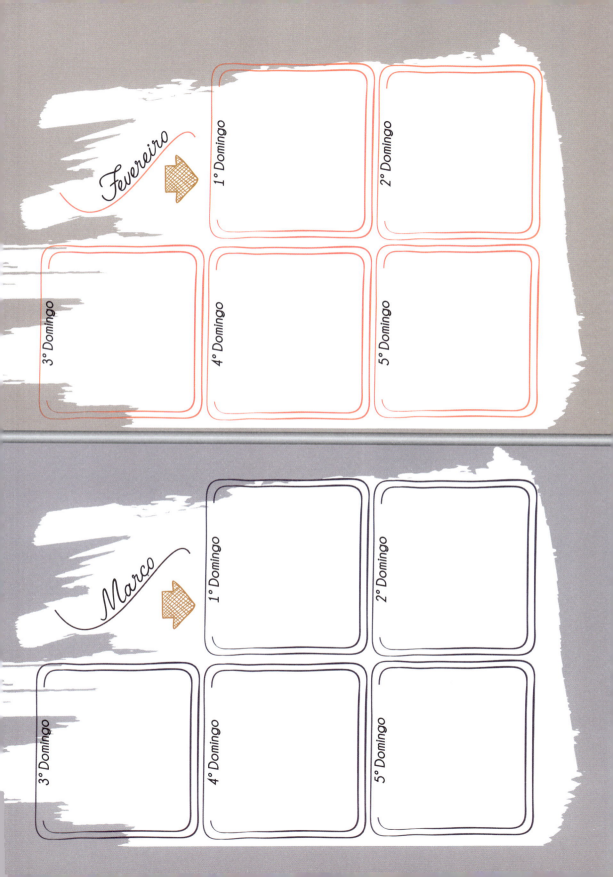

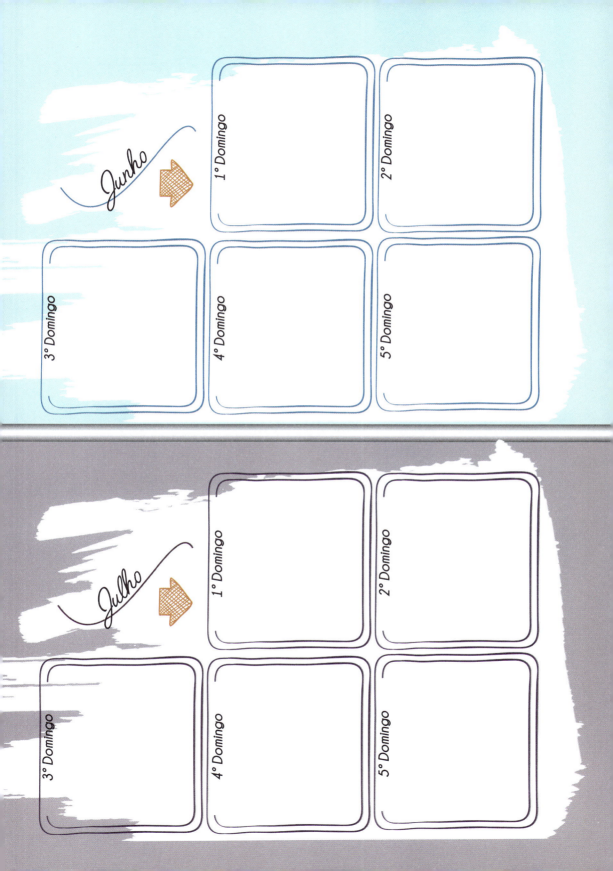

Conecte-se conosco:

facebook.com/editoravozes

@editoravozes

@editora_vozes

youtube.com/editoravozes

+55 24 2233-9033

www.vozes.com.br

Conheça nossas lojas:

www.livrariavozes.com.br

Belo Horizonte – Brasília – Campinas – Cuiabá – Curitiba
Fortaleza – Juiz de Fora – Petrópolis – Recife – São Paulo

EDITORA VOZES LTDA.
Rua Frei Luís, 100 – Centro – Cep 25689-900 – Petrópolis, RJ
Tel.: (24) 2233-9000 – E-mail: vendas@vozes.com.br